KAMURAN SIMSEK

Charmantes miniatures au crochet

SOMMAIRE

▸42

Charmantes miniatures au crochet

Vous voulez réaliser de ravissantes applications au crochet rapidement et avec un minimum de travail ? Alors ce livre est parfait pour vous ! Vous serez étonnés de voir à quelle vitesse ces miniatures sont réalisées et de combien de manières différentes vous pouvez les utiliser.

Faites pousser un champ fleuri sur votre t-shirt ou embellissez tout simplement un tableau avec des éléments réalisés au crochet. L'accroc du pantalon est rapidement reprisé et caché avec un petit motif. Découvrez les nombreuses possibilités de combinaison de ces petites applications et laissez libre cours à votre imagination !

Plongez avec moi dans mon petit « monde du crochet » et laissez-vous enchanter.

Je vous souhaite beaucoup de plaisir à reproduire ces modèles et des heures de crochet enchantées.

Fleur avec tige

mignonne sur des serviettes d'invités

FOURNITURES

* laine Schachenmayr Catania en Orchidée (col. 222), Jaffa (col. 189), Rouge magenta (col. 251) et Vert pomme (col. 205), restes
* laine Schachenmayr Catania Color Fashion Esprit (col. 182), reste
* crochet 2,5 mm

Fleur

Pour la fleur, monter 4 ml en Esprit, fermer en rond avec 1 mc et travailler en tours.
1er tr : 6 ms.
2e tr : crocheter 2 ms dans ch ms = 12 ms. Fermer le tour par 1 mc dans la 1ère ms.
Continuer maintenant dans le col. souhaité pour la fleur :
3e tr : *crocheter 2 ml, 3 db dans la ms suiv., 2 ml, 1 mc dans la ms suiv.*, rép. encore 5 x de * à *.

Tige

Pour la tige, faire un jeté en Vert pomme, passer le fil entre deux pétales, monter 12 ml et travailler comme suit sur la chaînette :
Tout d'abord, pour la feuille, crocheter sur les 7 premières ml : 1 ms, 2 b, 1 demi-b, 1 mc, en crochetant la ms dans la 3e ml en partant de l'aig. 5 ml restent vides pour l'instant. Pour la tige, monter 6 autres ml et crocheter 4 ms sur la chaînette en crochetant la 1ère ms dans la 3e ml en partant de l'aig., puis travailler 5 autres ms sur les ml vides = 9 ms pour la tige.

Fleurs bicolores

avec ou sans feuille

FOURNITURES

* laine Schachenmayr Catania en Jaune (col. 208), Cyclamen (col. 114), Rouge (col. 115), Orchidée (col. 222), Lilas (col. 226), Violet (col. 113) et Vert pomme (col. 205), restes
* crochet 2,5 mm

Fleur

Monter 7 ml en Jaune, fermer en rond par 1 mc et travailler en tours.

1er tr : crocheter 12 ms. Fermer le tour par 1 mc dans la 1ère ms.

Continuer maintenant dans le col. souhaité pour la fleur :

2e tr : *2 ml, 3 b dans la ms suiv., 2 ml, 1 mc dans la ms suiv.*, rép. encore 5 x de * à *.

Feuille

Monter 7 ml en Vert pomme et crocheter sur la chaînette 1 ms, 3 b, 1 demi-b, 1 ms, en crochetant la 1ère ms dans la 2e ml en partant de l'aig.

Finition

Coudre la feuille sur la fleur suivant l'illustration.

Tournesol rayonnant

comme décoration colorée de coussin

FOURNITURES

TOURNESOL

* laine Schachenmayr Catania en Jaune (col. 208), Kaki (col. 212), Marron (col. 157) et Mandarine (col. 209), restes
* crochet 2,5 mm

PÂQUERETTE

* laine Schachenmayr Catania en Blanc (col. 106) et Jaune (col. 208), restes
* crochet 2,5 mm

Tournesol

Fleur

Monter 4 ml en Marron, fermer en rond par 1 mc et crocheter des ms en continu en tours spiralés.
1er tr : 7 ms.
2e tr : crocheter 2 ms dans ch ms = 14 ms.
3e tr : crocheter 2 ms dans ch 2e ms et 1 ms dans les autres ms = 21 ms.
4e tr : crocheter 2 ms dans ch 3e ms et 1 ms dans les autres ms = 28 ms.
5e tr : crocheter 2 ms dans ch 4e ms et 1 ms dans les autres ms = 35 ms. Fermer le tour par 1 mc dans la 1ère ms.
Continuer en Mandarine :
6e tr : crocheter 1 ml, 2 ms dans ch 5e ms et 1 ms dans les autres ms = 42 ms. Fermer le tour par 1 mc dans la 1ère ms.
Continuer en Jaune :
7e tr : 1 ml, 1 ms dans la 1ère ms du tr précédent, *monter 8 ml puis crocheter sur la chaînette 1 ms, 4 demi-b, 1 b, en crochetant la 1ère ms dans la 3e ml en partant de l'aig., 1 ms dans la 3e ms suiv., rép. encore 13x de * à *, toutefois en remplaçant la dernière ms par 1 mc dans la 1ère ms.

Feuille

Monter 2 ml en Kaki et crocheter des ms en rg. À la fin de ch rg, crocheter une ml pour tourner.
1er rg : crocheter 2 ms dans la 2e ml en partant de l'aig. = 2 ms.
2e au 6e rg : dans ch rg, travailler 2 ms dans la 1ère ms = 7 ms après le 6e rg
7e au 9e rg : crocheter 7 ms.
10e au 14e rg : dans ch rg, couler ens. les 2 dernières ms = 2 ms après le 14e rg

Tige

Monter 20 ml en Kaki et crocheter sur la chaînette 19 ms, en crochetant la 1ère ms dans la 2e ml en partant de l'aig.

Finition

Broder les graines de tournesol avec des points de pétale (voir page 63) en Jaune.

Pâquerette

Monter 4 ml en Jaune, fermer en rond par 1 mc et travailler en tours.
1er tr : 6 ms.
2e tr : crocheter 2 ms dans ch ms = 12 ms. Fermer le tour par 1 mc dans la 1ère ms.
Continuer en Blanc :
3e tr : 1 mc, *crocheter 3 ml, 1 db dans la même m. que la dernière mc, 3 ml, 1 mc dans la ms suiv.*, rép. encore 11x de * à *.

Roses & petites fleurs

en guise de délicate broche

FOURNITURES

PETITE ROSE

* laine Schachenmayr Catania en Rouge (col. 115), Orchidée (col. 222), Violet (col. 113) et Vert pomme (col. 205), restes
* crochet 2,5 mm

PETITES FLEURS

* laine Schachenmayr Catania en Orchidée (col. 222), Jaune (col. 208), Rouge (col. 115), Lilas (col. 226) et Cyclamen (col. 114), restes
* crochet 2,5 mm

Petite rose

Fleur

Monter 18 ml dans le col. souhaité et crocheter comme suit sur la chaînette : 3 demi-b dans la 3e ml en partant de l'aig., 1 ml, 1 ms dans la ml suiv., *1 ml, 3 demi-b dans la ml suiv., 1 ml, 1 ms dans la ml suiv.*, rép. encore 2x de * à *. Puis *2 ml, 3 b dans la ml suiv., 2 ml, 1 ms dans la ml suiv.*, rép. encore 3x de * à *.

Feuilles

Monter 8 ml en Vert pomme et crocheter sur la chaînette 1 ms, 4 b, 1 demi-b et 1 ms, en crochetant la 1ère ms dans la 2e ml en partant de l'aig. Réaliser la 2e feuille de la même manière.

Finition

Enrouler la rose en fleur le long du bord monté de manière à ce que l'extrémité du fil à crocheter reste à l'extérieur. Coudre la rose au centre des feuilles suivant l'illustration.

Petites fleurs

Monter 6 ml dans le col. souhaité, fermer en rond par 1 mc et crocheter comme suit :
1er tr : *crocheter 3 ml, 1 b, 3 ml, 1 ms dans l'anneau*, rép. encore 5 x de * à *.

Grandes fleurs multicolores

élégantes sur un revers

FOURNITURES

* laine Schachenmayr Catania en Lilas (col. 226), Bleu clair (col. 173), Rouge magenta (col. 251), Corail (col. 243) et Violet (col. 113), restes
* crochet 2,5 mm

Monter 6 ml dans le col. souhaité, fermer en rond par 1 mc et crocheter en tr.
1er tr : 12 ms.
2e tr : crocheter 1 ml, 1 ms, *5 ml, sauter 1 m., 1 ms* et rép. encore 4x de * à *. Crocheter 5 ml, sauter 1 m., fermer le tr par 1 mc dans la 1ère ms.
3e tr : crocheter 1 ms, 5 b, 1 ms dans ch arc. Fermer le tour par 1 mc dans la 1ère ms.

Voiture & Cie

sur la route

FOURNITURES

VOITURE

* laine Schachenmayr Catania en Nuage (col. 247), Noir (col. 110), Argent (col. 172), Blanc (col. 106) et Rouge (col. 115), restes
* crochet 2,5 mm

Carrosserie

Monter 17 ml en Nuage et crocheter des ms en rg. À la fin de ch rg, crocheter une ml pour tourner.

1er rg : crocheter 1 ms dans la 3e ml en partant de l'aig., puis 14 ms = 15 ms

2e au 3e rg : 15 ms chacun.

4e rg : crocheter 3 ms, 7 ml, sauter 2 m, 1 db dans chacune des 2 ms suiv., 7 ml, sauter 3 m, 1 ms dans chacune des 5 dernières ms.

Réaliser 1 tr de ms tout autour de la voiture, en crochetant à ch angle 2 ms dans la même m. et 7 ms dans ch arc.

Roue (à réaliser 2x)

Monter 4 ml en Argent, fermer en rond par 1 mc et crocheter des ms en tours.

Fermer ch tr par 1 mc dans la 1ère ms.

1er tr : 7 ms.

Continuer en Noir :

2e tr : 1 ml, 2 ms dans ch ms = 14 ms.

Pot d'échappement

Monter 4 ml en Argent et crocheter sur la chaînette 3 mc, en crochetant la 1ère mc dans la 2e ml en partant de l'aig.

Finition

Coudre les roues et le pot d'échappement, puis crocheter 2 ms en Blanc pour les phares et en Rouge pour les feux arrière.

En route

on découvre les panneaux

FOURNITURES

SENS INTERDIT

* laine Schachenmayr Catania en Rouge (col. 115) et Blanc (col. 106), restes
* crochet 2,5 mm

STATIONNEMENT INTERDIT

* laine Schachenmayr Catania en Rouge (col. 115) et Bleu roi (col. 201), restes
* crochet 2,5 mm

CÉDEZ LE PASSAGE

* laine Schachenmayr Catania en Rouge (col. 115) et Blanc (col. 106), restes
* crochet 2,5 mm

FEU TRICOLORE

* laine Schachenmayr Catania en Noir (col. 110), Rouge (col. 115), Jaune (col. 208) et Vert pomme (col. 205), restes
* crochet 2,5 mm

ROUTE PRIORITAIRE

* laine Schachenmayr Catania en Jaune (col. 208) et Blanc (col. 106), restes
* crochet 2,5 mm

Sens interdit

Panneau

Monter 4 ml en Rouge, fermer en rond par 1 mc et crocheter des ms en tours. Fermer ch tr par 1 mc dans la 1ère ms.

1er tr : 7 ms.

2e tr : 1 ml, 2 ms dans ch ms = 14 ms.

3e tr : 1 ml, 2 ms dans ch 2e ms = 21 ms.

4e tr : 1 ml, 2 ms dans ch 3e ms = 28 ms.

Barre

Monter 11 ml en Blanc et crocheter sur la chaînette 10 ms, en crochetant la 1ère ms dans la 2e ml en partant de l'aig.

Finition

Coudre la barre sur le panneau suivant l'illustration.

Stationnement interdit

Panneau

Monter 4 ml en Bleu roi, fermer en rond par 1 mc et crocheter des ms en tours. Fermer ch tr par 1 mc dans la 1ère ms.

1er tr : 7 ms.

2e tr : 1 ml, 2 ms dans ch ms = 14 ms.

3e tr : 1 ml, 2 ms dans ch 2e ms = 21 ms.

Continuer en Rouge :

4e tr : 1 ml, 2 ms dans ch 3e ms = 28 ms.

Barre

Monter 9 ml en Rouge et crocheter sur la chaînette 8 ms, en crochetant la 1ère ms dans la 2e ml en partant de l'aig.

Finition

Coudre la barre sur le panneau suivant l'illustration.

Cédez le passage

Panneau

Monter 2 ml en Blanc et crocheter des ms en rg. À la fin de ch rg, crocheter une ml pour tourner.
1er rg : 2 ms dans la 2e ml en partant de l'aig. = 2 ms.
2e au 8e rg : dans ch rg, travailler 2 ms dans la 1ère ms = 9 ms après le 8e rg.
Continuer en Rouge :
Réaliser un tr de ms autour du triangle en crochetant 3 ms dans la même m. dans ch angle. Fermer le tour par 1 mc dans la 1ère ms.

Feu tricolore

Feux

Monter 4 ml en Rouge, fermer en rond par 1 mc et crocheter des ms en continu.
1er tr : 7 ms.
2e tr : 2 ms dans ch ms = 14 ms. Fermer le tour par 1 mc dans la 1ère ms.
Réaliser encore 1 feu en Jaune et en Vert pomme.

Boîtier

Monter 8 ml en Noir et crocheter des ms en rg. À la fin de ch rg, crocheter une ml pour tourner.
1er rg : crocheter 1 ms dans la 3e ml en partant de l'aig., puis 5 ms = 6 ms.
2e au 20e rg : crocheter 6 ms.

Finition

Coudre les feux sur le boîtier suivant l'illustration.

Route prioritaire

Panneau

Monter 8 ml en Jaune et crocheter des ms en rg. À la fin de ch rg, crocheter une ml pour tourner.
1er rg : crocheter 1 ms dans la 3e ml en partant de l'aig., puis 5 ms = 6 ms
2e au 6e rg : crocheter 6 ms.
Continuer en Blanc :
Réaliser un tr de ms autour du panneau en crochetant 3 ms dans la même m. dans ch angle. Fermer le tour par 1 mc dans la 1ère ms.

Tracteur orange

traverse aussi les champs et les prés

FOURNITURES

TRACTEUR

- laine Schachenmayr Catania en Jaffa (col. 189), Noir (col. 110) et Argent (col. 172), restes
- crochet 2,5 mm

PAPILLON

- laine Schachenmayr Catania en Orchidée (col. 222) et Pool (col. 165), restes
- fil Anchor Artiste Metallic en Vieux rose (col. 306), reste
- crochet 2,5 cm

Remarque :
Vous trouverez l'instructions pour l'arbre à la page 27.

Tracteur

Carrosserie

Monter 18 ml en Jaffa et crocheter des ms en rg. À la fin de ch rg, crocheter une ml pour tourner.
1er rg : crocheter 1 ms dans la 3e ml en partant de l'aig., puis 15 ms = 16 ms.
2e au 5e rg : crocheter 16 ms.
Continuer comme suit pour la cabine :
6e rg : monter 18 ml, 1 ms dans la 7e et 8e m. du rg précédent, puis crocheter sur la chaînette comme suit :
Crocheter 1 ms dans chacune des 5 premières ml, 3 ms dans la ml suiv., 1 ms dans chacune des 6 ml suiv., 3 ms dans la ml suiv., 1 ms dans chacune des 5 dernières ml = 22 ms.
Pour finir, crocheter des ms autour des côtés étroits et du bord monté, en crochetant 3 ms dans la même m. dans ch angle.

Roue arrière

Monter 4 ml en Argent, fermer en rond par 1 mc et crocheter des ms en tours. Fermer ch tr par 1 mc dans la 1ère ms.
1er tr : 6 ms.
2e tr : 1 ml, 2 ms dans ch ms = 12 ms.
3e tr : 1 ml, 2 ms dans ch 2e ms = 18 ms.
Continuer en Noir :
4e tr : 1 ml, *1 ms, 1 picot (= 3 ml et 1 ms de retour dans la 1ère ml)*, rép. encore 17 x de * à *.

Roue avant

Monter 4 ml en Argent, fermer en rond par 1 mc et crocheter des ms en tours. Fermer ch tr par 1 mc dans la 1ère ms.
1er tr : 6 ms.
2e tr : 1 ml, 2 ms dans ch ms = 12 ms.
Continuer en Noir :
3e tr : 1 ml, *1 ms, 1 picot (= 3 ml et 1 ms de retour dans la 1ère ml)*, rép. encore 11x de * à *.

Pot d'échappement

Monter 10 ml en Noir et crocheter sur la chaînette 9 ms, en crochetant la 1ère ms dans la 2e ml en partant de l'aig.

Finition

Coudre ensemble toutes les pièces suivant l'illustration, puis les repasser.

Papillon

Ailes

Monter 5 ml en Orchidée, fermer en rond par 1 mc et crocheter comme suit dans l'anneau :
Pour la 1ère petite aile, crocheter *3 ml, 2 db, 3 ml, 1 mc*. Pour la 2e petite aile, répéter encore 1x de * à *. Pour la 1ère grande aile, crocheter 4 ml, 4 tb, 5 ml, 1 mc ; pour la 2e grande aile 5 ml, 4 tb, 4 ml, 1 mc.

Corps

Monter 9 ml en Pool.

Finition

Coudre le corps sur le papillon suivant l'illustration. Pour les antennes, passer env. 6 cm de fil en vieux rose dans le corps entre les grandes ailes et le nouer. Faire un nœud dans chaque extrémité de fil.

Roue de gouvernail & voilier

Ohé ! du bateau

FOURNITURES

VOILIER

* laine Schachenmayr Catania en Bleu roi (col. 201), Paon (col. 146), Blanc (col. 106) et Nuage (col. 247), restes
* crochet 2,5 mm

ROUE DE GOUVERNAIL

* laine Schachenmayr Catania en Paon (col. 146) et Blanc (col. 106), restes
* crochet 2,5 mm

Voilier

Bateau

Pour la coque, monter 13 ml en Bleu roi et crocheter des ms en rg. À la fin de ch rg, crocheter une ml pour tourner.
1er rg : 1 ms dans la 2e ml en partant de l'aig., puis 11 ms = 12 ms.
2e et 3e rg : dans ch rg, travailler 2 ms dans la 1ère et la dernière ms = 16 ms après le 3e rg.
4e et 5e rg : crocheter 16 ms.
Crocheter des ms autour des côtés étroits et du bord monté, en crochetant 3 ms dans la même m. dans ch angle.
Pour la voile, continuer en Blanc sur les 14 ms centrales de la coque. Dans le 1er rg, piquer seulement dans la boucle de derrière. À la fin de ch rg, crocheter une ml pour tourner.
1er rg : 14 ms.
2e au 14e rg : dans ch rg, couler ens. les 2 premières ms = 1 ms après le 14e rg.

Mât

Monter 13 ml en Paon.

Pavillon

Monter 5 ml en Nuage et crocheter sur la chaînette 1 ms, 1 b, 2 db, en crochetant la ms dans la 2e ml en partant de l'aig.

Finition

Coudre le mât sur la voile suivant l'illustration. Coudre le pavillon.

Roue de gouvernail

Monter 6 ml en Paon, fermer en rond par 1 mc et travailler en tours. Fermer ch tr par 1 mc dans la 1ère m.
1er tr : 8 ms.
2e tr : 4 ml pour la 1ère db, 4 ml, *1 db, 4 ml*, rép. encore 6 x de * à *. Fermer le tr par 1 mc dans la ml du haut de la 1ère db.
3e tr : 3 ml pour la 1ère b, 1 picot (= 3 ml et 1 ms de retour dans la 1ère ml), 6 b dans l'arc. du tr préc., *1 b dans la db suiv., 1 picot, 6 b dans l'arc. du tr préc.*, rép. encore 6 x de * à *. Fermer le tr par 1 mc dans la ml du haut de la 1ère b.

Finition

Repasser la roue de gouvernail.

Nuage, soleil & arc-en-ciel

trio céleste

FOURNITURES

ARC-EN-CIEL

* laine Schachenmayr Catania en Rouge (col. 115), Jaffa (col. 189), Jaune (col. 208), Vert pomme (col. 205), Pool (col. 165), Bleu roi (col. 201) et Violet (col. 113), restes
* crochet 2,5 mm

NUAGE

* laine Schachenmayr Catania en Bleu clair (col. 173), reste
* crochet 2,5 mm

SOLEIL

* laine Schachenmayr Catania en Jaune (col. 208), reste
* crochet 2,5 mm

Arc-en-ciel

Monter 20 ml en Rouge et crocheter des ms en rg. À la fin de ch rg, crocheter une ml pour tourner.
1er rg : 1 ms dans la 2e ml en partant de l'aig., puis 18 ms = 19 ms.
2e rg : 3x 4 ms, 2 ms dans ch 5e m., terminer par 3 ms = 22 ms.
Continuer en Jaffa :
3e rg : 1 ml, 22 ms.
4e rg : 4x 4 ms, 2 ms dans ch 5e ms, terminer par 2 ms = 26 ms.
Continuer en Jaune :
5e rg : 1 ml, 26 ms.
6e rg : 5 x 4 ms, 2 ms dans ch 5e ms, terminer par 1 ms = 31 ms.
Continuer en Vert pomme :
7e rg : 1 ml, 31 ms.
8e rg : 6 x 4 ms, 2 ms dans ch 5e ms, terminer par 1 ms = 37 ms.
Continuer en Pool :
9e rg : 1 ml, 37 ms.
10e rg : 7 x 4 ms, 2 ms dans ch 5e ms, terminer par 2 ms = 44 ms.
Continuer en Bleu roi :
11e rg : 1 ml, 44 ms.
12e rg : 8 x 4 ms, 2 ms dans ch 5e ms, terminer par 4 ms = 52 ms.
Continuer en Violet :
13e rg : 1 ml, 52 ms.
14e rg : 52 ms.

Finition

Repasser l'arc-en-ciel.

Nuage

Monter 4 ml en Bleu clair, fermer en rond par 1 mc et travailler en tours.
1er tr : 3 ml pour la 1ère b, 1 b, 6 db, 2 b, 6 db dans l'anneau de ml = 16 m. Fermer le tr par 1 mc dans la ml du haut de la 1ère b.
2e tr : 3 ml pour la 1ère b, 1 b dans la 1ère b du tr préc., 2 b dans ch b suiv. du tr préc. = 32 b.
3e tr : 1 coquillage dans la 2e b (= 6 b dans la même m.), 1 ms dans la 2e b suiv.,
1 coquillage dans la 2e b suiv., 1 ms dans la 2e b suiv., rép. encore 6 x de * à *. Fermer le tour par 1 mc dans le 1er coquillage.

Soleil

Monter 4 ml en Jaune, fermer en rond par 1 mc et crocheter des ms en continu en tours spiralés.
1er tr : 6 ms.
2e tr : 2 ms dans ch ms = 12 ms.
3e tr : 2 ms dans ch 2e ms = 18 ms.
4e tr : 2 ms dans ch 2e ms = 25 ms. Crocheter 3 ms dans la dernière ms = 28 ms.
5e tr : pour les rayons du soleil *monter 8 ml et crocheter sur la chaînette 1 mc, 1 ms, 1 demi-b, 3 b, en crochetant la mc dans la 3e ml en partant de l'aig. Sauter 2 m, 1 ms dans la 3e et 4e ms suiv., rép. encore 6 x de * à *.

Finition

Repasser le soleil.

Délicieux fruits

petits fruits du pays

FOURNITURES

POMME ROUGE

* laine Schachenmayr Catania en Rouge (col. 115), Vert pomme (col. 205) et Café (col. 162), restes
* crochet 2,5 mm

TRANCHE DE POMME

* laine Schachenmayr Catania en Vert pomme (col. 205), Blanc (col. 106), Café (col. 162) et Kaki (col. 212), restes
* crochet 2,5 mm

FRAISE

* laine Schachenmayr Catania en Rouge (col. 115), Vert pomme (col. 205) et Blanc (col. 106), restes
* crochet 2,5 mm

CERISES

* laine Schachenmayr Catania en Rouge (col. 115) et Vert pomme (col. 205), restes
* crochet 2,5 mm

POIRE

* laine Schachenmayr Catania en Anis (col. 245), Kaki (col. 212) et Café (col. 162), restes
* crochet 2,5 mm

Pomme rouge

Fruit

Monter 4 ml en Rouge, fermer en rond par 1 mc et crocheter des ms en tours. Fermer ch tr par 1 mc dans la 1ère ms.

1er tr : 7 ms.

2e tr : 1 ml, 2 ms dans ch ms = 14 ms.

3e tr : 1 ml, 2 ms dans ch 2e m. = 21 ms.

4e tr : 1 ml, 2 ms dans ch 3e m. = 28 ms.

5e tr : 1 ml, 2 ms dans ch 4e m. = 35 ms.

Feuille

Monter 9 ml en Vert pomme et crocheter sur la chaînette 1 ms, 1 b, 3 db, 1 b, 1 demi-b, 1 ms, en crochetant la 1ère ms dans la 2e ml en partant de l'aig.

Queue

Monter 6 ml en Café et crocheter sur la chaînette 5 ms, en piquant la 1ère ms dans la 2e ml en partant de l'aig.

Finition

Crocheter 2 ms en Café sur le bas de la pomme. Coudre la queue et la feuille suivant l'illustration.

Tranche de pomme

Fruit

Monter 4 ml en Blanc, fermer en rond par 1 mc et travailler en tours. Fermer ch tr par 1 mc dans la 1ère m.

1er tr : 4 ml pour la 1ère db, 21 db = 22 db.

Continuer en Vert pomme.

2e tr : réaliser des ms, en crochetant 2 ms dans ch 5e db = 28 ms.

Queue

Monter 5 ml en Café, 1 ms dans la 3e ml en partant de l'aig., 1 ms dans la ml suiv., 1 mc dans la dernière ml.

Feuille

Monter 9 ml en Kaki, 1 ms dans la 3e ml en partant de l'aig., 1 db dans chacune des 4 ml suiv., 1 b dans la ml suiv., 1 ms dans la dernière ml.

Finition

Crocheter 2 ms en Café sur le bas de la pomme. Coudre la queue et la feuille suivant l'illustration et broder des pépins en Café.

Fraise

Fruit

Monter 2 ml en Rouge et crocheter des ms en rg. À la fin de ch rg, crocheter une ml pour tourner.

1er rg : 2 ms dans la 2e ml en partant de l'aig.

2e au 5e rg : dans ch rg, toujours crocheter 2 ms dans la 1ère ms = 6 ms après le 5e rg.

6e et 7e rg : 6 ms.

8e rg : couler ens. 2 ms, 2 ms, couler ens. 2 ms = 4 ms.

9e rg : couler ens. 2x 2 ms = 2 ms.

Ne pas couper le fil, mais crocheter encore 1 tr de ms autour de la fraise, en crochetant 3 ms dans la même m. à la pointe de la fraise et aux arrondis de la partie supérieure.

Feuille

Monter 6 ml en Vert pomme et crocheter sur la chaînette 1 ms, 2 b, 1 ms, en crochetant la 1ère ms dans la 3e ml en partant de l'aig. Ensuite, *monter 4 ml et crocheter sur la chaînette 1 ms, 1 b, 1 ms, puis monter 5 ml et crocheter sur la chaînette 1 ms, 2 b, 1 ms, en crochetant à ch fois la 1ère ms dans la 2e ml en partant de l'aig.*, rép. encore 1x de * à *.

Finition
Coudre la feuille sur la fraise suivant l'illustration. Broder de petits points de pétale blancs sur la fraise.

Cerise (à réaliser 2x)

Fruit
Monter 4 ml en Rouge, fermer en rond par 1 mc et crocheter des ms en tours. Fermer ch tr par 1 mc dans la 1ère m.
1er tr : 3 ml pour la 1ère b, 11 b dans l'anneau = 12 b.
2e tr : 1 ml, 2 ms dans ch b = 24 ms.

Queues et feuilles
Monter 20 ml en Vert pomme et crocheter comme suit sur la chaînette : pour la 1ère feuille *crocheter 1 ms dans la 3e ml en partant de l'aig., puis dans les 7 ml suiv. : 4 db, 1 b, 1 demi-b et 1 ms*. Pour la 2e feuille : monter 10 ml et crocheter de * à * comme décrit pour la 1ère feuille.
Pour finir, monter 10 autres ml pour la 2e queue.

Finition
Coudre ensemble toutes les pièces suivant l'illustration, puis les repasser.

Poire

Fruit
Monter 4 ml en Anis, fermer en rond par 1 mc et crocheter des ms en tours. Fermer ch tr par 1 mc dans la 1ère ms.
1er tr : 1 ml, 7 ms.
2e tr : 1 ml, 2 ms dans ch ms = 14 ms.
3e tr : 1 ml, 2 ms dans ch 3e ms = 21 ms.
4e tr : 1 ml, 2 ms dans ch 4e ms = 28 ms.
5e tr : d'abord monter 8 ml et crocheter sur la chaînette 2 ms, 2 demi-b, 3 b, en crochetant la 1ère ms dans la 2e ml en partant de l'aig. Poursuivre le tr comme suit : 1 ms dans la 3e ms du tr préc., 6 ms, 2 demi-b, 4 b, 2 demi-b, 7 ms. Crocheter ensuite sur le côté opposé de la chaînette 3 b, 2 demi-b et 2 ms.

Queue
Monter 7 ml en Café et crocheter sur la chaînette 6 ms, en crochetant la 1ère ms dans la 2e ml en partant de l'aig.

Feuille
Monter 9 ml en Kaki et crocheter sur la chaînette 1 ms, 1 b, 3 db, 1 b, 1 demi-b, 1 ms, en crochetant la 1ère ms dans la 2e ml en partant de l'aig.

Finition
Coudre la feuille et la queue sur la poire suivant l'illustration. Crocheter 2 ms en Café sur le bas de la poire.

Arbre

avec des pommes

FOURNITURES

* laine Schachenmayr Catania en Vert pomme (col. 205), Café (col. 162) et Rouge (col. 115), restes
* crochet 2,5 mm

Cime

Monter 4 ml en Vert pomme, fermer en rond par 1 mc et crocheter des ms en continu en tours spiralés.
1er tr : 6 ms.
2e tr : 2 ms dans ch ms = 12 ms.
3e tr : 2 ms dans ch 2e ms = 18 ms.
4e tr : 2 ms dans ch 3e ms = 24 ms.
5e tr : 2 ms dans ch 4e ms = 30 ms.
6e tr : 2 ms dans ch 5e ms = 36 ms.
7e tr : 1 coquillage dans la 2e ms (= 6 b dans la même m.), 1 ms dans la 2e ms suiv., *1 coquillage dans la 2e ms suiv., 1 ms dans la 2e ms suiv.*, rép. encore 7x de * à *. Fermer le tour par 1 mc dans le 1er coquillage.

Tronc

Monter 2 ml en Café et crocheter des ms en rg. À la fin de ch rg, crocheter une ml pour tourner.
1er rg : 1 ms dans la 2e m. en partant de l'aig. = 1 ms.
2e rg : 2 ms dans la même m. = 2 ms.
3e rg : 2 ms dans la 1ère ms, 1 ms = 1 ms.
4e au 16e rg : 3 ms chacun.
17e rg : 2 ms dans la 1ère et la dernière ms = 5 ms.
18e et 19e rg : crocheter 5 ms.

Finition

Coudre ensemble le tronc et la cime suivant l'illustration, puis les repasser. Broder les fruits avec des points de nœud (voir page 78) en Rouge.

Fruits exotiques

Ananas, pastèque & Cie

FOURNITURES
PALMIER
- laine Schachenmayr Catania en Crème (col. 130), Vert pomme (col. 205) et Marron (col. 157), restes
- crochet 2,5 mm

Palmier

Tronc

Monter 4 ml en Crème et crocheter des ms en rg. À la fin de ch rg, crocheter une ml pour tourner.
1er rg : crocheter 3 ms en travaillant la 1ère ms dans la 2e ml en partant de l'aig.
2e au 20e rg : 3 ms chacun.
21e rg : couler ens. 2 ms, 1 ms = 2 ms.
22e rg : 2 ms.
23e rg : couler ens. 2 ms = 1 ms.

Feuilles

Pour chaque feuille, monter une chaînette en Vert pomme et crocheter sur la chaînette comme décrit, en crochetant toujours la 1ère ms dans la 3e ml en partant de l'aig. :
1ère, 3e et 5e feuille : crocheter 14 ml, puis travailler 1 ms, 2 b, 6 db, 2 b, 1 ms sur la chaînette.
2e et 4e feuille : crocheter 16 ml, puis travailler 1 ms, 2 b, 8 db, 2 b, 1 ms sur la chaînette.

Noix de coco (à réaliser 3x)

Monter 4 ml en Marron et les fermer en rond par une mc.
1er tr : 2 ml pour la 1ère demi-b, 9 demi-b = 10 demi-b. Fermer le tr par 1 mc dans la ml du haut de la 1ère demi-b.

Finition

Coudre les feuilles suivant l'illustration sur le tronc, puis coudre les noix de coco.

FOURNITURES

KIWI

* laine Schachenmayr Catania en Vert pomme (col. 205), Naturel (col. 105), Kaki (col. 212) et Marron (col. 157), restes
* crochet 2,5 mm

BANANE

* laine Schachenmayr Catania en Jaune (col. 208) et Café (col. 162), restes
* crochet 2,5 mm

ANANAS

* laine Schachenmayr Catania en Jaune (col. 208), Kaki (col. 212) et Camel (col. 179), restes
* crochet 2,5 mm

PASTÈQUE

* laine Schachenmayr Catania en Naturel (col. 105), Rouge (col. 115), Vert golf (col. 241) et Noir (col. 110), restes
* crochet 2,5 mm

ORANGE

* laine Schachenmayr Catania en Jaffa (col. 189), Kaki (col. 162) et Marron (col. 157), restes
* crochet 2,5 mm

Kiwi

Monter 5 ml en Naturel, fermer en rond par 1 mc et crocheter des ms en continu en tours spiralés.
1er tr : crocheter 6 ms dans l'anneau, fermer le tr par 1 mc.
Continuer en Vert pomme :
2e tr : 1 ml, 2 ms dans ch ms = 12 ms.
3e tr : 2 ms dans ch 2e ms = 18 ms.
4e tr : 2 ms dans ch 3e ms = 24 ms.
5e tr : 2 ms dans ch 4e ms = 30 ms.
Fermer le tr par 1 mc dans la 1ère ms.
Continuer en Marron :
6e tr : 1 ml, 30 ms. Fermer le tour par 1 mc dans la 1ère ms.

Finition

Broder des points lancés en Kaki sur le kiwi, suivant l'illustration.

Banane

Monter 20 ml en Jaune et crocheter des ms en rg. À la fin de ch rg, crocheter une ml pour tourner.
1er rg : 1 ms dans la 2e ml en partant de l'aig., puis 18 ms = 19 ms.
2e rg : 7 ms, 2 demi-b, 2 demi-b dans la ms suiv., 2 demi-b, 7 ms = 20 m.
3e rg : 19 ms, 1 mc. Ne pas retourner le travail, mais poursuivre en Café comme suit : fixer le fil par 1 mc sur la dernière ms, 1 mc dans la même mc, 4 ml.
4e rg : crocheter sur la chaînette 3 ms, en travaillant la 1ère ms dans la 2e ml en partant de l'aig., réaliser des ms avec 1 mc dans la mc du rg préc.

Finition

Crocheter 2 ms en Café sur l'extrémité inférieure de la banane, suivant l'illustration.

Ananas

Fruit

Monter 6 ml en Jaune et crocheter des ms en rg. À la fin de ch rg, crocheter une ml pour tourner.
1er rg : crocheter 5 ms en travaillant la 1ère ms dans la 2e ml en partant de l'aig.
2e et 3e rg : dans ch rg, crocheter 2 ms dans la 1ère ms = 7 ms après le 3e rg
4e au 7e rg : 7 ms, 1 ml.
8e au 11e rg : dans ch rg, couler ens. les 2 dernières ms = 3 ms après le 11e rg
Ne pas couper le fil, mais crocheter encore 1 tr de ms autour de l'ananas.

Feuilles

Monter 7 ml en Kaki, crocheter 6 mc en arrière en travaillant, ici et sur toutes les chaînettes suivantes, la 1ère mc dans la 2e ml en partant de l'aig., 5 ml, 4 mc en arrière, rép. encore 1x de * à *, 7 ml, 6 mc en arrière.

Finition

Broder en Camel sur l'ananas suivant l'illustration et coudre les feuilles.

Pastèque

Monter 2 ml en Rouge et crocheter des ms en rg. À la fin de ch rg, crocheter une ml pour tourner.
1er rg : crocheter 3 ms dans la 2e ml en partant de l'aig.
2e rg : 2 ms dans ch ms = 6 ms.
3e rg : 2 ms dans ch 2e ms = 9 ms.
4e rg : 2 ms dans ch 3e ms = 12 ms.
5e rg : 2 ms dans ch 4e ms = 15 ms.
6e rg : 2 ms dans ch 5e ms = 18 ms.
Continuer en Naturel.
7e rg : 1 ml, 2 ms dans ch 6 e ms = 21 ms.
Ne pas retourner le travail, mais recommencer en Vert golf sur le côté droit de la pastèque.
8e rg : crocheter 1 ml, 21 ms.

Finition

Broder les pépins suivant l'illustration avec de courts points lancés (voir page 62) en Noir.

Orange

Fruit
Monter 4 ml en Jaffa, fermer en rond par 1 mc et travailler en tours. Fermer ch tr par 1 mc dans la ml du haut.
1er tr : 3 ml pour la 1ère b, 13 b = 14 b.
2e tr : 3 ml pour la 1ère b, 1 b dans la 1ère b du tr préc., 2 b dans ch b suiv. = 28 b.

Feuille

Monter 11 ml en Kaki, 1 ms dans la 3e ml en partant de l'aig., 1 b, 1 db, 1 tb, 1 db, 1 b, 1 ms, 2 mc.

Finition

Coudre la feuille sur l'orange suivant l'illustration. Crocheter 2 ms en Marron sur le bas de l'orange.

Mélange de gourmandises

salé et sucré

FOURNITURES

GLACE

* laine Schachenmayr Catania en Marron (col. 157), Rouge (col. 115), Blanc (col. 106) et Mimosa (col. 100), restes
* crochet 2,5 mm

CAROTTE

* laine Schachenmayr Catania en Jaffa (col. 189) et Vert pomme (col. 205), restes
* crochet 2,5 mm

ŒUF SUR LE PLAT

* laine Schachenmayr Catania en Blanc (col. 106) et Jaune (col. 208), restes
* crochet 2,5 mm

Glace

Cornet

Monter 2 ml en Marron et crocheter des ms en rg.

À la fin de ch rg, crocheter une ml pour tourner.

1er rg : 2 ms dans la 2e ml en partant de l'aig.

2e au 12e rg : dans ch rg, crocheter 2 ms dans la 1ère ms = 13 ms après le 12e rg.

13e rg : crocheter 13 ms.

Boules de glace

Monter 4 ml en Mimosa, fermer en rond par 1 mc et crocheter des ms en tours. Fermer ch tr par 1 mc dans la 1ère ms.

1er tr : 7 ms.

2e tr : 2 ms dans ch ms = 14 ms.

3e tr : 2 ms dans ch 2e ms = 21 ms.

Réaliser encore 1 boule en Rouge et en Blanc.

Finition

Broder de courts points lancés (voir page 62) en Marron sur la boule de glace blanche. Coudre ensemble toutes les pièces suivant l'illustration.

Carotte

Fruit

Monter 3 ml en Jaffa et crocheter des ms en rg. À la fin de ch rg, crocheter une ml pour tourner.

1er rg : 2 ms dans la 3e ml en partant de l'aig. = 2 ms.

2e au 4e rg : dans ch rg, crocheter 2 ms dans la 1ère ms = 5 ms après le 4e rg.

5e au 14e rg : crocheter 5 ms.

15e rg : couler ens. 2 ms, 1 ms, couler ens. 2 ms = 3 ms.

Fanes

Monter 11 ml en Vert pomme, crocheter 1 mc de retour dans la 1ère ml de la chaînette, monter 12 autres ml et crocheter 1 mc de retour dans la 1ère ml de cette 2e chaînette, monter encore 11 ml et crocheter 1 mc de retour dans la 1ère ml de cette 3e chaînette.

Finition

Coudre les fanes sur la carotte suivant l'illustration.

Œuf sur le plat

Blanc d'œuf

Monter 4 ml en Blanc, fermer en rond par 1 mc et crocheter des ms en tours.

1er tr : 7 ms.

2e tr : 2 ms dans ch ms = 14 ms.

3e tr : 2 ms dans ch 2e ms = 21 ms.

4e tr : 2 ms dans ch 3e ms = 28 ms.

5e tr : 10 ms, 1 demi-b, dans chacune des 6 ms suiv. 2 m. comme suit : 2 demi-b, 2 b, 2 db, 2 db, 2 b, 2 demi-b, poursuivre avec 1 demi-b, 10 ms. Fermer le tour par 1 mc dans la 1ère ms.

Jaune d'œuf

Monter 4 ml en Jaune, fermer en rond par 1 mc et crocheter des ms en tours.

1er tr : 6 ms.

2e tr : 2 ms dans ch ms = 12 ms.

3e tr : 2 ms dans ch 2e ms = 18 ms. Fermer le tour par 1 mc dans la 1ère ms.

Finition

Coudre le jaune d'œuf suivant l'illustration sur le blanc d'œuf.

ABC et 1, 2, 3…

… rien de spécial !

FOURNITURES

LETTRE « A »

* laine Schachenmayr Catania en Jaune (col. 208), reste
* crochet 2,5 mm

LETTRE « B »

* laine Schachenmayr Catania en Rouge (col. 115), reste
* crochet 2,5 mm

LETTRE « C »

* laine Schachenmayr Catania en Vert golf (col. 241), reste
* crochet 2,5 mm

CHIFFRE « 1 »

* laine Schachenmayr Catania en Paon (col. 146), reste
* crochet 2,5 mm

CHIFFRE « 2 »

* laine Schachenmayr Catania en Cyclamen (col. 114), reste
* crochet 2,5 mm

CHIFFRE « 3 »

* laine Schachenmayr Catania en Violet (col. 113), reste
* crochet 2,5 mm

CRAYONS DE COULEUR

* laine Schachenmayr Catania en Jaune (col. 208), Cyclamen (col. 114) et Blanc (col. 106), restes
* crochet 2,5 mm

Lettre « A »

Pour l'arc de cercle, monter 22 ml en Jaune et crocheter comme suit sur la chaînette :
1 ms dans la 2e ml en partant de l'aig., 9 ms, 2 ms dans la ms suiv., 10 ms = 22 ms.
Pour la barre, monter 6 ml en Jaune et crocheter sur la chaînette 5 ms, en crochetant la 1ère ms dans la 2e ml en partant de l'aig.

Finition

Coudre ensemble les pièces suivant l'illustration pour former la lettre « A », puis les repasser.

Lettre « B »

Monter 10 ml en Rouge et crocheter en rg. À la fin de ch rg, crocheter une ml pour tourner.
1er rg : crocheter 9 ms en travaillant la 1ère ms dans la 2e ml en partant de l'aig., retourner l'ouvrage.
2e rg : 1 mc dans la 1ère ms, monter 8 ml, 2 b dans la 4e ms suiv. du rg préc., monter 8 ml, 1 mc dans la dernière ms du rg préc., retourner l'ouvrage.
3e rg : sur la 1ère chaînette : 3 ms, 2 ms dans la même m., 4 ms (= 9 ms), 1 mc sur chacune des 2 b suiv., sur la 2e chaînette : 4 ms, 2 ms dans la même m., 3 ms (= 9 ms), 1 mc dans la mc du rg préc.

Finition

Repasser la lettre.

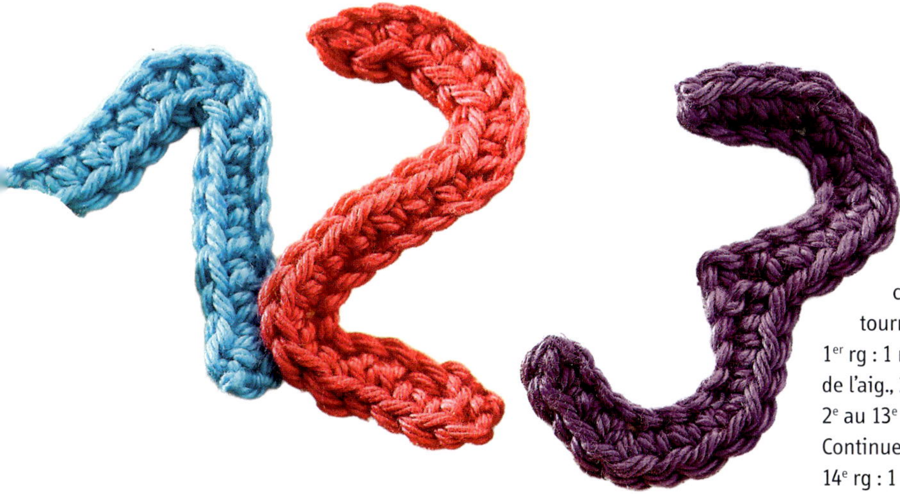

Lettre « C »

Monter 17 ml en Vert golf et crocheter comme suit sur la chaînette :
1 ms dans la 2^{e} ml en partant de l'aig., 3 ms, 2 ms dans chacune des 2 ml suiv., 4 ms, 2 ms dans chacune des 2 ml suiv., 4 ms = 20 ms en tout.

Finition

Repasser la lettre.

Chiffre « 1 »

Monter 20 ml en Paon et crocheter comme suit sur la chaînette :
1 ms dans la 2^{e} ml en partant de l'aig., 5 ms, couler 3x 2 ms ens., 7 ms = 16 ms.

Finition

Repasser le chiffre.

Chiffre « 2 »

Monter 24 ml en Cyclamen et crocheter comme suit sur la chaînette :
1 ms dans la 2^{e} ml en partant de l'aig., 1 ms, couler ens. 2 ms, 2 ms, couler ens. 2 ms, 1 ms, couler ens. 2 ms, 5 ms, 2 ms dans la même m., 6 ms = 21 ms.

Finition

Repasser le chiffre.

Chiffre « 3 »

Monter 24 ml en Violet et crocheter comme suit sur la chaînette :
1 ms dans la 2e ml en partant de l'aig., 2 ms, 2 ms dans la même m., 2 ms, 2 ms dans la même m., 3 ms, sauter 3 m., 3 ms, 2 ms dans la même m., 2 ms, 2 ms dans la même m., 3 ms = 21 ms.

Finition

Repasser le chiffre.

Crayons de couleur

Monter 4 ml dans le col. souhaité et crocheter des ms en rg. À la fin de ch rg, crocheter une ml pour tourner.

1er rg : 1 ms dans la 2e ml en partant de l'aig., 2 ms.
2e au 13e rg : 3 ms chacun.
Continuer en Blanc.
14e rg : 1 ml, 3 ms.
15e rg : 1 ms, couler ens. 2 ms = 2 ms.
16e rg : couler ens. 2 ms = 1 ms.
Continuer alors dans le col. du crayon :
17^{e} rg : 1 ml, 2 ms dans la même m. = 2 ms

Finition

Repasser le crayon.

Bienveillants porte-bonheur

qui viennent du cœur

FOURNITURES

TRÈFLE

* laine Schachenmayr Catania en Vert pomme (col. 205), reste
* crochet 2,5 mm

AMANITE TUE-MOUCHES

* laine Schachenmayr Catania en Rouge (col. 115) et Blanc (col. 106), restes
* crochet 2,5 mm

CŒUR

* laine Schachenmayr Catania en Rouge (col. 115), reste
* crochet 2,5 mm

Cœur

Monter 4 ml en Rouge, fermer en rond par 1 mc et travailler en tours.
1er tr : crocheter 3 ml, 4 db, 3 b, 2 db, 3 b, 4 db, 3 ml, crocheter 1 mc dans l'anneau.
2e tr : crocheter 3 ml, 2 ms dans ch db, 1 ms dans ch b, 2 ms dans ch db, 1 ms dans ch b, 2 ms dans ch db, 3 ml, 1 mc dans l'anneau.

Finition

Repasser le cœur.

Trèfle

Monter 5 ml en Vert pomme, fermer en rond par 1 mc et crocheter comme suit dans l'anneau :
Pour les feuilles : *crocheter 4 ml pour la 1ère db, 3 db, 4 ml, 1 mc dans l'anneau*, rép. encore 3x de * à *. Pour la tige, monter 11 ml et crocheter sur la chaînette 10 ms, en travaillant la 1ère ms dans la 2e ml en partant de l'aig., puis 1 mc dans l'anneau.

Finition

Repasser le trèfle.

Amanite tue-mouches

Chapeau

Monter 2 ml en Rouge et crocheter des ms en rg. À la fin de ch rg, crocheter une ml pour tourner.
1er rg : 2 ms dans la 2e ml en partant de l'aig.
2e au 9e rg : dans ch rg, travailler 2 ms dans la 1ère ms = 10 ms après le 9e rg. Ne pas couper le fil, mais crocheter encore 1 tr de ms autour du chapeau, en crochetant 3 ms dans la même m. aux arrondis.

Pied

Monter 10 ml en Blanc et crocheter des ms en rg.
1er rg : 1 ms dans la 2e ml en partant de l'aig., puis 8 ms = 9 ms, 1 ml pour tourner.
2e rg : 9 ms. Ne pas couper le fil, mais crocheter encore 1 tr de ms autour du pied, en crochetant 3 ms dans la même m. sur les côtés étroits. Fermer le tour par 1 mc dans la 1ère ms.

Petits points (à réaliser 3x)

Monter 2 ml en Blanc et crocheter 5 ms dans la 2e ml en partant de l'aig. Fermer le tour par 1 mc dans la 1ère ms.

Finition

Coudre les petits points sur le chapeau suivant l'illustration. Coudre ensemble le chapeau et le pied du champignon.

Fascinants sports de ballon

à chacun le sien

FOURNITURES

BALLON DE BASKET

* laine Schachenmayr Catania en Jaffa (col. 189) et Noir (col. 110), restes
* crochet 2,5 mm

BOULE DE BILLARD

* laine Schachenmayr Catania en Noir (col. 110) et Blanc (col. 106), restes
* crochet 2,5 mm

BALLON DE FOOT

* laine Schachenmayr Catania en Blanc (col. 106) et Noir (col. 110), restes
* crochet 2,5 mm

BALLON DE RUGBY

* laine Schachenmayr Catania en Café (col. 162) et Blanc (col. 106), restes
* crochet 2,5 mm

BALLE DE TENNIS

* laine Schachenmayr Catania en Jaune (col. 208) et Blanc (col. 106), restes
* crochet 2,5 mm

Ballon de basket

Monter 4 ml en Jaffa, fermer en rond par 1 mc et crocheter des ms en tours.
1er tr : 7 ms.
2e tr : 2 ms dans ch ms = 14 ms.
3e tr : 2 ms dans ch 2e ms = 21 ms.
4e tr : 5 x 3 ms, 2 ms dans ch 4e ms, terminer par 1 ms = 26 ms. Fermer le tour par 1 mc dans la 1ère ms.

Finition

Broder des points lancés en Noir sur le ballon, suivant l'illustration.

Boule de billard

Boule

Monter 4 ml en Noir, fermer en rond par 1 mc et crocheter des ms en continu en tours spiralés.
1er tr : 7 ms.
2e tr : 2 ms dans ch ms = 14 ms.
3e tr : 2 ms dans ch 2e ms = 21 ms.
4e tr : 2 ms dans ch 3e ms = 28 ms. Fermer le tour par 1 mc dans la 1ère ms.

Cercle numérique

Monter 4 ml en Blanc, fermer en rond par 1 mc et crocheter des ms en continu en tours spiralés.
1er tr : 6 ms.
2e tr : 2 ms dans ch ms = 12 ms. Fermer le tour par 1 mc dans la 1ère ms.

Finition

Broder le chiffre « 8 » sur le cercle numérique. Coudre le cercle numérique sur la boule de billard suivant l'illustration.

Ballon de foot

Monter 4 ml en Noir, fermer en rond par 1 mc et travailler en tours. Fermer ch tr par 1 mc dans la 1ère ms.
1er tr : 7 ms.
Continuer en Blanc :
2e tr : 1 ml, 2 ms dans ch ms = 14 ms.
3e tr : 1 ml, 2 ms dans ch 2e ms = 21 ms.
4e tr : 1 ml, 2 ms dans ch 3e ms = 28 ms, en crochetant en alternance en Blanc et Noir comme suit : *4 ms en Blanc, 3 ms en Noir*, rép. encore 3x de * à *.

Finition

Repasser le ballon.

Ballon de rugby

Monter 4 ml en Café, fermer en rond par 1 mc et crocheter des ms en continu en tours spiralés.
1er tr : 7 ms.
2e tr : 2 ms dans ch ms = 14 ms.
3e tr : 2 ms dans ch 2e ms = 21 ms.
4e tr : *2 demi-b dans la 1ère ms, 2 b dans la ms suiv., 2 db dans la ms suiv., 2 b dans la ms suiv., 2 demi-b dans la ms suiv., 1 ms dans chacune des 5 ms suiv.*, rép. encore 1x de * à *, 1 ms. Fermer le tour par 1 mc dans la 1ère demi-b.

Finition

Broder des points lancés (voir page 62) en Blanc sur le ballon, suivant l'illustration.

Balle de tennis

Monter 4 ml en Jaune, fermer en rond par 1 mc et crocheter des ms en continu en tours spiralés.
1er tr : 7 ms.
2e tr : 2 ms dans ch ms = 14 ms.
3e tr : 2 ms dans ch 2e ms = 21 ms.
4e tr : 2 ms dans ch 3e ms = 28 ms. Fermer le tour par 1 mc dans la 1ère ms.

Finition

Broder des points lancés (voir page 62) en Blanc sur la balle.

Au fond de la mer...

... vivent toutes sortes d'animaux

FOURNITURES

PETIT POISSON

* laine Schachenmayr Catania Color en Jaune/Orange/Rose (col. 26), reste
* 1 œil mobile, ø env. 3 mm
* crochet 2,5 mm

CLYPEASTER

* laine Schachenmayr Catania en Blanc (col. 106) et Argent (col. 172), restes
* crochet 2,5 mm

ÉTOILE DE MER

* laine Schachenmayr Catania en Jaune (col. 208), reste
* crochet 2,5 mm

Petit poisson

Monter 2 ml en Jaune/Orange/Rose et crocheter des ms en rg.
À la fin de ch rg, crocheter une ml pour tourner.
1er rg : 2 ms dans la 2e ml en partant de l'aig.
2e et 3e rg : dans ch rg, crocheter 2 ms dans la 1ère ms = 4 ms après le 3e rg.
4e rg : 4 ms.
5e et 6e rg : dans ch rg, couler ens. les 2 dernières ms = 2 ms après le 6e rg.
Réaliser un tr de ms autour du poisson, en crochetant 3 ms dans la pointe de l'ovale après la 1ère moitié. À la fin du tr, pour la queue, *monter 5 ml et crocheter sur la chaînette 1 ms, 2 demi-b, 1 ms, en crochetant la 1ère ms dans la 2e ml en partant de l'aig., 1 mc dans la même m. que la dernière ms du tour*, rép. encore 1x de * à *.

Finition

Coller l'œil suivant l'illustration.

Remarque : Vous trouverez les instructions pour les bulles d'air à la page 44 et les instructions pour le varech à la page 46.

Clypeaster

Monter 4 ml en Blanc, fermer en rond par 1 mc et crocheter des ms en continu en tours spiralés.
1er tr : 6 ms.
2e tr : 2 ms dans ch ms = 12 ms.
3e tr : 2 ms dans ch 2e ms = 18 ms.
4e tr : 2 ms dans ch 3e ms = 24 ms.
5e tr : 2 ms dans ch 4e ms = 30 ms.
6e tr : 30 ms. Fermer le tour par 1 mc dans la 1ère ms.

Finition

Broder des points de pétale (voir page 63) en Argent sur le clypeaster, suivant l'illustration.

Étoile de mer

Monter 4 ml en Jaune, fermer en rond par 1 mc et travailler en tours. Fermer ch tr par 1 mc dans la 1ère m.
1er tr : 5 ms.
2e tr : 2 ms dans ch ms = 10 ms.
3e tr : *Monter 8 ml et crocheter sur la chaînette 1 demi-b, 5 b, en crochetant la 1ère demi-b dans la 3e ml en partant de l'aig., 1 ms dans la 2e ms suiv. du tr préc.*, rép. encore 4x de * à *.

Poissons multicolores

accessoires de salle de bains

FOURNITURES

GRAND POISSON

* laine Schachenmayr Catania Color en Vert/Anis/Bleu (col. 53), reste
* yeux mobiles, ø env. 6 mm
* crochet 2,5 mm

POISSON ROND

* laine Schachenmayr Catania Color en Vert/Anis/Bleu (col. 53), reste
* 1 œil mobile, ø env. 6 mm
* crochet 2,5 mm

Grand poisson

Monter 2 ml en Vert/Anis/Bleu et crocheter des ms en rg.
À la fin de ch rg, crocheter une ml pour tourner.
1er rg : 2 ms dans la 2e ml en partant de l'aig.
2e au 6e rg : dans ch rg, travailler 2 ms dans la 1ère ms = 7 ms après le 6e rg.
7e et 8e rg : 7 ms chacun.
9e au 13e rg : dans ch rg, couler ens. les 2 dernières ms = 2 ms après le 13e rg
14e rg : couler ens. 2 ms = 1 ms.
Réaliser 1 tr de ms autour du poisson.
Après la 1ère moitié, réaliser la gueule dans la pointe de l'ovale : *monter 3 ml et crocheter 2 mc sur la chaînette, en travaillant la 1ère mc dans la 2e ml en partant de l'aig.*, rép. encore 1x de * à *.
À la fin du tr, pour la queue : *monter 8 ml et crocheter sur la chaînette 1 ms, 3 db, 1 b, 1 ms, en crochetant la 1ère ms dans la 2e ml en partant de l'aig. Crocheter 1 mc dans la même m. que la dernière ms du tour*, rép. encore 1x de * à *.

Finition

Coller l'œil suivant l'illustration.

Poisson rond

Monter 4 ml en Vert/Anis/Bleu, fermer en rond par 1 mc et travailler en tours. Fermer ch tr par 1 mc dans la 1ère m.
1er tr : 3 ml pour la 1ère b, 13 b = 14 b.
2e tr : 3 ml pour la 1ère b, 1 b dans la 1ère b du tr préc., 2 b dans ch b suiv. = 28 b.
3e tr : 1 ml, 5 ms, pour la 1ère nageoire, monter 3 ml, 1 b, 1 demi-b, 1 ms dans la même m. que la dernière ms, 7 ms. Pour la gueule, *monter 4 ml et crocheter 1 ms dans la 4e ml en partant de l'aig., 1 ms dans la même m. que la ms du tr*, rép. encore 1x de * à *. 6 ms, pour la 2e nageoire, 1 ms, 1 demi-b, 1 b dans la même m., monter 3 ml et crocheter 1 ms dans la même m. que les 3 dernières m., 7 ms. Pour la queue, *monter 8 ml et crocheter sur la chaînette 1 ms, 1 b, 1 db, 1 b, 1 demi-b, 1 ms, en crochetant la 1ère ms dans la 3e ml en partant de l'aig., 1 ms dans la même m. que la dernière ms du tr*, 1 ms, rép. encore 1x de * à *, 1 ms. Fermer le tour par 1 mc dans la 1ère ms.

Finition

Coller l'œil suivant l'illustration.

Remarque : Vous trouverez les instructions pour le petit poisson à la page 52.

Crabe & pieuvre

joyeux compagnons

FOURNITURES

CRABE

* laine Schachenmayr Catania en Lie de vin (col. 192), Blanc (col. 106), Noir (col. 110) et Jaffa (col. 189), restes
* crochet 2,5 mm

BULLES D'AIR

* laine Schachenmayr Catania en Bleu roi (col. 201), reste
* crochet 2,5 mm

Crabe

Corps

Monter 4 ml en Lie de vin, fermer en rond par 1 mc et crocheter des ms en continu en tours spiralés.

1er tr : 7 ms.

2e tr : 2 ms dans ch ms = 14 ms.

3e tr : 2 ms dans ch 2e ms = 21 ms.

4e tr : 2 ms dans ch 3e ms = 28 ms.

5e tr : 9 ms, 2 demi-b, 2 b dans chacune des 2 ms suiv., 2 demi-b, 9 ms, 2 demi-b, 2 b dans chacune des 2 ms suiv. = 32 m. en tout.

6e tr : 1 ms, pour la 1ère pince *monter 8 ml et crocheter sur la chaînette 1 ms, 1 b, 1 demi-b, 1 ms, en travaillant la 1ère ms dans la 3e ml en partant de l'aig., monter 6 ml et crocheter sur la chaînette 1 ms, 1 b, 1 demi-b, 1 ms. Travailler la 1ère ms dans la 3e ml en partant de l'aig., 1 ms dans les 2 ml vides de la première chaînette, 1 ms dans la même m. que la dernière ms du tr*, 7 ms. Pour la 2e pince, rép. encore 1x de * à *, 5 ms. Pour les pattes *monter 5 ml et crocheter sur la chaînette 1 ms, 1 demi-b, 1 ms, en crochetant la 1ère ms dans la 3e ml en partant de l'aig., 1 ms dans la ms suiv. du tr*, rép. encore 2x de * à *. Puis crocheter 9 ms et rép. en tout 3x de * à *, 4 ms. Fermer le tr par 1 mc dans la 1ère ms.

Yeux (à réaliser 2x)

Monter 4 ml en Noir, fermer en rond par 1 mc et travailler en tours. Fermer ch tr par 1 mc dans la 1ère ms.

1er tr : 5 ms.

Continuer en Blanc :

2e tr : 1 ml, *1 ms, 1 ml*, rép. encore 4x de * à *.

Finition

Coudre les yeux sur le corps suivant l'illustration. Broder la bouche avec des points de piqûre en Jaffa.

Bulles d'air (à réaliser 6 x)

Monter 4 ml en Bleu roi, fermer en rond par 1 mc et crocheter 7 ms dans l'anneau. Fermer le tour par 1 mc dans la 1ère ms.

FOURNITURES

PIEUVRE

* laine Schachenmayr Catania en Pool (col. 165), Blanc (col. 106) et Noir (col. 110), restes
* crochet 2,5 mm

VARECH

* laine Schachenmayr Catania en Vert pomme (col. 205), reste
* crochet 2,5 mm

Pieuvre

Corps

Monter 4 ml en Pool, fermer en rond par 1 mc et crocheter des ms en tours.
1er tr : 7 ms.
2e tr : 2 ms dans ch ms = 14 ms.
3e tr : 2 ms dans ch 2e ms = 21 ms.
4e tr : 2 ms dans ch 3e ms = 28 ms.
5e tr : 4 ms, pour les tentacules *monter 12 ml et crocheter sur la chaînette 11 ms, en crochetant la 1ère ms dans la 2e ml en partant de l'aig., 1 ms dans la ms suiv.*, rép. encore 7 x de * à *, 16 ms. Fermer le tour par 1 mc dans la 1ère ms.

Yeux (à réaliser 2x)

Monter 4 ml en Noir, fermer en rond par 1 mc et travailler en tours. Fermer ch tr par 1 mc dans la 1ère ms.
1er tr : 5 ms.
Continuer en Blanc :
2e tr : 1 ml, *1 ms, 1 ml*. Rép. 4x de * à *.

Finition

Coudre les yeux sur le corps suivant l'illustration. Broder la bouche avec des points de piqûre en Noir.

Varech

Pour les différents brins, monter des chaînettes en Vert pomme et crocheter dessus des ms et des demi-b, comme décrit, en travaillant toujours la 1ère ms dans la 2e ml en partant de l'aig.
Monter 17 ml et crocheter sur la chaînette 3 ms et 13 demi-b, puis monter 20 ml et crocheter 3 ms et 16 demi-b, puis monter 17 ml et crocheter 3 ms et 13 demi-b.

À la ferme

petits animaux

FOURNITURES

SOURIS

* laine Schachenmayr Catania en Argent (col. 172), Pierre (col. 242), Crème (col. 130) et Noir (col. 110), restes
* crochet 2,5 mm

POUSSIN

* laine Schachenmayr Catania en Jaune (col. 208), Jaffa (col. 189), Rouge (col. 115) et Noir (col. 110), restes
* crochet 2,5 mm

Souris

Tête

Monter 4 ml en Argent, fermer en rond par 1 mc et crocheter des ms en continu en tours spiralés.

1er tr : 7 ms.

2e tr : 2 ms dans ch ms = 14 ms.

3e tr : 2 ms dans ch 2e ms = 21 ms.

4e tr : 2 ms dans ch 3e ms = 28 ms.

5e tr : crocheter 28 ms. Fermer le tour par 1 mc dans la 1ère ms.

Oreilles (à réaliser 2x)

Monter 4 ml en Pierre, fermer en rond par 1 mc et crocheter des ms en tours.

1er tr : 7 ms.

2e tr : 2 ms dans ch 2e ms = 14 ms. Fermer le tour par 1 mc dans la 1ère ms.

Continuer en Argent :

3e tr : 1 ml, 2 ms dans ch 2e ms = 21 ms. Fermer le tour par 1 mc dans la 1ère ms.

Nez

Monter 4 ml en Crème et les fermer en rond par une mc.

1er tr : 7 ms

2e tr : 2 ms dans ch 2e ms = 14 ms. Fermer le tour par 1 mc dans la 1ère ms.

Finition

Coudre ensemble toutes les pièces suivant l'illustration. Broder les yeux, le bout de nez, le museau et les moustaches en Noir.

Poussin

Corps

Monter 4 ml en Jaune, fermer en rond par 1 mc et crocheter des ms en continu en tours spiralés.

1er tr : 7 ms.

2e tr : 2 ms dans ch ms = 14 ms.

3e tr : 2 ms dans ch 2e ms = 21 ms.

4e tr : 2 ms dans ch 3e ms = 28 ms.

5e tr : pour la queue, 1 demi-b, 1 b, 3 db dans la ms suiv., 3 ml. Fermer le tour par 1 mc dans la ms suiv.

Tête

Monter 4 ml en Jaune, fermer en rond par 1 mc et crocheter des ms en continu en tours spiralés.

1er tr : 6 ms.

2e tr : 2 ms dans ch ms = 12 ms.

3e tr : 2 ms dans ch 2e ms = 18 ms. Fermer le tour par 1 mc dans la 1ère ms.

Finition

Coudre la tête sur le corps suivant l'illustration. Pour le bec, fixer le fil Rouge à l'endroit souhaité de la tête et monter 4 ml. Fixer la chaînette par 1 mc sur la tête. Crocheter les pattes en Jaffa dans la partie basse du corps, comme décrit pour le bec. Broder l'œil en Noir.

FOURNITURES

COCHON

* laine Schachenmayr Catania en Rose clair (col. 246), Cyclamen (col. 114) et Noir (col. 110), restes
* crochet 2,5 mm

OISEAU

* laine Schachenmayr Catania en Cyclamen (col. 114), Rose clair (col. 246), Lilas (col. 226), Jaune (col. 208) et Noir (col. 110), restes
* crochet 2,5 mm

Cochon

Tête

Monter 4 ml en Rose clair, fermer en rond par 1 mc et crocheter des ms en continu en tours spiralés.

1er tr : 7 ms.

2e tr : 2 ms dans ch ms = 14 ms.

3e tr : 2 ms dans ch 2e ms = 21 ms.

4e tr : 2 ms dans ch 3e ms = 28 ms.

5e tr : 2 ms dans ch 4e ms = 35 ms. Fermer le tour par 1 mc dans la 1ère ms.

Groin

Monter 4 ml en Cyclamen et les fermer en rond par une mc.

1er tr : crocheter 3 ml pour la 1ère b, 12 b. Fermer le tr par 1 mc dans la ml du haut.

Oreilles (à réaliser 2x)

Pour la 1ère oreille, fixer le fil Cyclamen sur une b du tr. À la fin de ch rg, crocheter une ml pour tourner.

1er rg : 4 ms.

2e et 3e rg : ms, en coulant ens. les 2 dernières ms dans ch rg = 2 ms après le 3e rg

4e rg : couler ens. 2 ms = 1 ms.

Pour la 2e oreille, aller 6 ms plus loin, fixer à nouveau le fil et crocheter comme décrit.

Finition

Coudre le groin sur la tête. Broder les yeux et les naseaux avec des points de pétale (voir page 63) en Noir.

Oiseau

Corps

Monter 4 ml en Cyclamen et les fermer en rond par une mc.

1er tr : 3 ml pour la 1ère b, 13 b = 14 b. Fermer le tour par 1 mc dans la 1ère ms.

2e tr : 1 ml, pour le ventre, 2 ms dans chacune des 8 premières b (= 16 ms), 1 demi-b, 2 db dans la même m. Pour la queue, monter 4 ml. Crocheter 1 mc de retour dans la 1ère ml, puis monter 6 ml et crocheter 1 mc de retour dans la 1ère ml, 1 mc dans la dernière db crochetée, 2 b dans la b suiv., 2 demi-b dans la b suiv., 1 ms. Pour la tête, crocheter dans la dernière m. 2 b, 3 db, 2 b, 2 ml et 1 mc.

Bec

Monter 4 ml en Jaune et crocheter 1 mc de retour dans la 1ère ml.

Aile

Monter 7 ml en Rose clair et crocheter sur la chaînette 1 ms, 1 b, 2 db, 1 b, 1 ms, en crochetant la 1ère ms dans la 2e ml en partant de l'aig.

Pattes (à réaliser 2x)

Monter 5 ml en Lilas et crocheter 1 mc de retour dans la 1ère ml, puis monter 4 ml et crocheter 1 mc de retour dans la 1ère ml.

Finition

Coudre ensemble toutes les pièces suivant l'illustration. Broder l'œil en Noir.

Chat et chien

meilleurs amis

FOURNITURES

CHAT

* laine Schachenmayr Catania en Noir (col. 110), Marron (col. 157), Blanc (col. 106) et Vert golf (col. 241), restes
* crochet 2,5 mm

CHIEN

* laine Schachenmayr Catania en Crème (col. 130), Marron (col. 157) et Noir (col. 110), restes
* crochet 2,5 mm

Chat

Tête

Monter 4 ml en Noir, fermer en rond par 1 mc et crocheter des ms en continu en tours spiralés.
1er tr : 7 ms.
2e tr : 2 ms dans ch ms = 14 ms.
3e tr : 2 ms dans ch 2e ms = 21 ms.
4e tr : 2 ms dans ch 3e ms = 28 ms.
5e tr : crocheter 28 ms. Fermer le tour par 1 mc dans la 1ère ms.

Oreilles (à réaliser 2x)

Monter 5 ml en Noir et crocheter des ms en rg. À la fin de ch rg, crocheter une ml pour tourner.
1er rg : crocheter 4 ms en travaillant la 1ère ms dans la 2e ml en partant de l'aig.
2e et 3e rg : dans ch rg, couler ens. les 2 dernières ms = 2 ms après le 3e rg.
4e rg : couler ens. 2 ms = 1 ms.

Finition

Coudre les oreilles sur la tête suivant l'illustration. Broder le nez et le museau en Marron, les yeux en Vert golf et les moustaches en Blanc.

Chien

Tête

Monter 4 ml en Crème, fermer en rond par 1 mc et crocheter des ms en continu en tours spiralés.
1er tr : 7 ms.
2e tr : 2 ms dans ch ms = 14 ms.
3e tr : 2 ms dans ch 2e ms = 21 ms.
4e tr : 2 ms dans ch 3e ms = 28 ms.
5e tr : crocheter 28 ms. Fermer le tour par 1 mc dans la 1ère ms.

Oreilles (à réaliser 2x)

Monter 5 ml en Marron et crocheter des ms en rg. À la fin de ch rg, crocheter une ml pour tourner.
1er rg : crocheter 4 ms en travaillant la 1ère ms dans la 2e ml en partant de l'aig.
2e au 4e rg : 4 ms chacun.
5e et 6e rg : dans ch rg, couler ens. les 2 dernières ms = 2 ms après le 6e rg.
7e rg : couler ens. 2 ms = 1 ms.

Finition

Coudre les oreilles sur la tête suivant l'illustration. Broder les yeux, le nez et le museau en Noir.

Ours brun et manchot

joli décor pour les chaussettes

Ours

Tête

Monter 4 ml en Marron, fermer en rond par 1 mc et crocheter des ms en continu en tours spiralés.

1er tr : 7 ms.

2e tr : 2 ms dans ch ms = 14 ms.

3e tr : 2 ms dans ch 2e ms = 21 ms.

4e tr : 2 ms dans ch 3e ms = 28 ms.

5e tr : 28 ms. Fermer le tour par 1 mc dans la 1ère ms.

Oreilles (à réaliser 2x)

Monter 4 ml en Crème, fermer en rond par 1 mc et crocheter des ms en tours.

1er tr : 3 ml pour la 1ère b, 11 b = 12 b.

Fermer le tr par 1 mc dans la ml du haut de la 1ère b.

Continuer en Marron :

2e tr : crocheter 1 ml, 2 ms dans ch b = 24 ms. Fermer le tour par 1 mc dans la 1ère ms.

Museau

Monter 4 ml en Crème, fermer en rond par 1 mc et crocheter des ms en tours.

1er tr : 7 ms.

2e tr : 2 ms dans ch ms = 14 ms. Fermer le tour par 1 mc dans la 1ère ms.

Nez

Monter 3 ml en Noir, 1 ms dans la 2e ml en partant de l'aig., 1 demi-b dans la 3e ml.

Finition

Coudre ensemble toutes les pièces suivant l'illustration. Broder les yeux avec des points de pétale en Blanc et de courts points lancés en Noir, et la bouche avec des points lancés en Noir.

Manchot

Corps

Monter 4 ml en Noir, fermer en rond par 1 mc et travailler en tours. Fermer ch tr par 1 mc dans la 1ère ms.

1er tr : 3 ml pour la 1ère b, 13 b = 14 b.

2e tr : 3 ml pour la 1ère b, 1 b dans la 1ère b du tr préc., 2 b dans ch b du tr préc. = 28 b

3e tr : crocheter 1 ml, 6 ms, 2 demi-b, 2 b dans la b suiv., pour la 1ère aile, monter 3 ml, 1 mc dans la 3e ml en partant de l'aig., 2 ml, 1 mc dans les mêmes m. que les deux dernières b, 10 ms, 1 mc, pour la 2e aile, monter 5 ml, 1 mc dans la 3e ml en partant de l'aig., 2 b dans la même m. que la dernière mc, poursuivre le tr avec 2 demi-b, 6 ms.

Tête

Monter 4 ml en Noir, fermer en rond par 1 mc et crocheter des ms en continu en tours spiralés.

1er tr : 7 ms.

2e tr : 2 ms dans ch ms = 14 ms.

3e tr : 2 ms dans ch 2e ms = 21 ms. Fermer le tour par 1 mc dans la 1ère ms.

Ventre

Monter 4 ml en Blanc, fermer en rond par 1 mc et crocheter des ms en continu en tours spiralés.

1er tr : 6 ms.

2e tr : 2 ms dans ch ms = 12 ms.

3e tr : 2 ms dans ch 2e ms = 18 ms. Fermer le tour par 1 mc dans la 1ère ms.

Bec

Monter 4 ml en Jaffa et crocheter sur la chaînette 1 ms, 1 demi-b, 1 b, en crochetant la ms dans la 2e ml en partant de l'aig.

Pattes (à réaliser 2x)

Monter 6 ml en Jaffa et crocheter sur la chaînette 3 ms, 2 demi-b, en crochetant la 1ère ms dans la 2e ml en partant de l'aig.

Finition

Coudre ensemble toutes les pièces suivant l'illustration et coller les yeux mobiles.

FOURNITURES

OURS

* laine Schachenmayr Catania en Marron (col. 157), Crème (col. 130), Blanc (col. 106) et Noir (col. 110), restes
* crochet 2,5 mm

MANCHOT

* laine Schachenmayr Catania en Noir (col. 110), Blanc (col. 106) et Jaffa (col. 189), restes
* crochet 2,5 mm
* 2 yeux mobiles, ø env. 6 mm

Animaux du zoo

applications exotiques

FOURNITURES

ÉLÉPHANT

* laine Schachenmayr Catania en Lin (col. 248) et Noir (col. 110), restes
* crochet 2,5 mm

LION

* laine Schachenmayr Catania en Jaune (col. 208), Jaffa (col. 189) et Noir (col. 110), restes
* crochet 2,5 mm

TORTUE

* laine Schachenmayr Catania en Café (col. 162), Vert pomme (col. 205), Bouleau (col. 219) et Noir (col. 110), restes
* crochet 2,5 mm

Éléphant

Tête

Monter 4 ml en Lin, fermer en rond par 1 mc et crocheter des ms en continu en tours spiralés.
1er tr : 7 ms.
2e tr : 2 ms dans ch ms = 14 ms.
3e tr : 2 ms dans ch 2e ms = 21 ms.
4e tr : 2 ms dans ch 3e ms = 28 ms.
5e tr : 2 b dans chacune des 4 premières ms (= 8 b), 10 ms, 2 b dans chacune des 4 ms suiv. (= 8 b), 10 ms = 36 m. en tout.
6e tr : 2 db dans chacune des 8 premières m. (= 16 db), 10 ms, 2 db dans chacune des 8 m. suiv. (= 16 db). Laisser les 10 ms restantes vides. Fermer le tr par 1 mc dans la 1ère m.

Trompe

Monter 25 ml en Lin et crocheter sur la chaînette 20 b, 2 db, en crochetant la 1ère b dans la 4e ml en partant de l'aig. = 22 m.

Finition

Coudre la trompe sur la tête suivant l'illustration. Broder les yeux et la bouche en Noir.

Lion

Monter 4 ml en Jaune, fermer en rond par 1 mc et crocheter des ms en continu en tours spiralés.
1er tr : 7 ms.
2e tr : 2 ms dans ch ms = 14 ms.
3e tr : 2 ms dans ch 2e ms = 21 ms.
4e tr : sur les 9 premières ms 3x 2 ms dans ch 3e ms (= 12 ms après la 9e ms), 4 db dans la ms suiv., 6 ms, 4 db dans la ms suiv., 4 ms = 30 m. en tout.
Continuer en Jaffa en piquant toutes les m. dans la boucle arrière des m. du tr préc. :
5e tr : 1 mc, *6 ml, 1 mc dans la mc suiv.*. Rép. encore 29x de * à *.

Finition

Broder les yeux, le nez et la gueule sur la tête de lion, suivant l'illustration.

Tortue

Corps

Monter 4 ml en Café, fermer en rond par 1 mc et crocheter des ms en continu en tours spiralés.
1er tr : 7 ms.
2e tr : 2 ms dans ch ms = 14 ms.
3e tr : 2 ms dans ch 2e ms = 21 ms.
4e tr : 2 ms dans ch 3e ms = 28 ms. Fermer le tour par 1 mc dans la 1ère ms.
Continuer en Vert pomme :
5e tr : 1 ml, 1 ms, pour la tête : 2 ml, 4 db dans la même m., 2 ml, 3 ms, pour la 1ère patte : *monter 6 ml, crocheter 3 demi-b sur la chaînette en piquant la 1ère demi-b dans la 3e ml en partant de l'aig.*, 6 ms. Pour la 2e patte, crocheter de * à *, 4 ms, pour la queue : monter 4 ml, crocheter 3 ms sur la chaînette en piquant la 1ère ms dans la 3e ml en partant de l'aig., 4 ms. Pour la 3e patte, crocheter de * à *, 6 ms, puis crocheter pour la 4e patte de * à *, 1 ms. Fermer le tour par 1 mc dans la 1ère ms.

Taches de carapace (à réaliser 3x)

Monter 4 ml en Bouleau et les fermer en rond par une mc. Crocheter 6 ms et fermer le tr par 1 mc dans la 1ère ms.

Finition

Coudre les taches de carapace suivant l'illustration, puis broder les yeux en noir.

Ça sent Noël

petit décor de sapin

FOURNITURES

BONHOMME DE NEIGE

* laine Schachenmayr Catania en Blanc (col. 106), Noir (col. 110), Kaki (col. 212), Rouge (col. 115) et Jaffa (col. 189), restes
* crochet 2,5 mm

PAIN D'ÉPICE

* laine Schachenmayr Catania en Café (col. 162), Blanc (col. 106), Rouge (col. 115), et Kaki (col. 212), restes
* crochet 2,5 mm

Bonhomme de neige

Tête

Monter 4 ml en Blanc, fermer en rond par 1 mc et travailler en tours.

1er tr : 3 ml pour la 1ère b, 13 b = 14 b. Fermer le tr par 1 mc dans la ml du haut de la 1ère b.

2e tr : 2 ms dans ch b = 28 ms. Fermer le tour par 1 mc dans la 1ère ms.

Haut-de-forme

Monter 10 ml en Noir et crocheter des ms en rg. À la fin de ch rg, crocheter une ml pour tourner.

1er rg : 1 ms dans la 3e ml en partant de l'aig., puis 7 ms = 8 ms.

2e rg : 8 ms.

3e rg : 2 mc, 1 ml, 4 ms, laisser les 2 dernières ms vides.

4e et 5e rg : crocheter 4 ms.

Corps

Monter 4 ml en Blanc, fermer en rond par 1 mc et travailler en tours.

1er tr : 3 ml pour la 1ère b, 13 b = 14 b. Fermer le tr par 1 mc dans la ml du haut de la 1ère b.

2e tr : 2 ms dans ch b = 28 ms. Fermer le tour par 1 mc dans la 1ère ms.

3e tr : 28 ms. Fermer le tour par 1 mc dans la 1ère ms.

Écharpe

Monter 3 ml en Kaki et crocheter des ms en rg. À la fin de ch rg, crocheter une ml pour tourner.

1er rg : 1 ms dans la 2e ml en partant de l'aig., puis 1 ms = 2 ms.

2e au 35e rg : crocheter 2 ms.

Finition

Coudre ensemble toutes les pièces suivant l'illustration. Broder les yeux et les charbons du corps avec des points de nœud en Noir, le nez avec un point de pétale en Jaffa, la bouche avec des points de piqûre en Rouge.

Pain d'épice

Monter 10 ml en Café et crocheter des ms en rg. À la fin de ch rg, crocheter une ml pour tourner.

1er rg : 1 ms dans la 3e ml en partant de l'aig., puis 7 ms = 8 ms.

2e au 11e rg : 8 ms.

Réaliser un tr de ms en Blanc autour du pain d'épice, en crochetant 3 ms dans la même m. dans ch angle.

Finition

Broder la fleur en Rouge avec des points de pétale. Broder les feuilles dans les angles avec des points de pétale, le centre de la fleur et les points avec des points de nœud.

FOURNITURES

BONNET DE PÈRE NOËL

* laine Schachenmayr Catania en Rouge (col. 115) et Blanc (col. 106), restes
* crochet 2,5 mm

SAPIN

* laine Schachenmayr Catania en Kaki (col. 212), Café (col. 162), Jaune (col. 208) et Rouge (col. 115), restes
* fil Anchor Artiste Metallic en Lamé argent (col. 301), reste
* crochet 2,5 mm

PÈRE NOËL

* laine Schachenmayr Catania en Blanc (col. 106), Rouge (col. 115), Crème (col. 130) et Noir (col. 110), restes
* crochet 2,5 mm

SUCRE D'ORGE

* laine Schachenmayr Catania en Rouge (col. 115) et Blanc (col. 106), restes
* crochet 2,5 mm

CADEAUX

* laine Schachenmayr Catania en Blanc (col. 106) et Rouge (col. 115), restes
* crochet 2,5 mm

Bonnet de Père Noël

Bonnet

Monter 2 ml en Rouge et crocheter des ms en rg. À la fin de ch rg, crocheter une ml pour tourner.
1er rg : 2 ms dans la 2e ml en partant de l'aig. = 2 ms.
2e au 10e rg : dans ch rg, crocheter 2 ms dans la 1ère ms = 11 ms après le 10e rg.
Crocheter des ms sur les côtés longs droit et gauche du bonnet, en crochetant 3 ms dans la même m. dans les arrondis.
Pour le bord du bonnet, continuer à crocheter des ms en Blanc sur les 11 ms du dernier rg.
11e rg : 1 ml, 2 ms dans la 1ère ms, 9 ms, 2 ms dans la dernière ms = 13 ms.
12e et 13e rg : crocheter 13 ms.

Pompon

Monter 10 ml en Blanc et crocheter 3 b, 2 ml, 1 mc dans la 3e ml en partant de l'aig. Laisser les 7 ml restantes vides.

Finition

Coudre le pompon sur le bonnet suivant l'illustration.

Sapin

Cime

Monter 2 ml en Kaki et crocheter des ms en rg. À la fin de ch rg, crocheter une ml pour tourner.
1er rg : 2 ms dans la 2e ml en partant de l'aig. = 2 ms.
2e au 12e rg : dans ch rg, travailler 2 ms dans la 1ère ms = 13 ms après le 12e rg.

Tronc

Monter 4 ml en Café et crocheter des ms en rg. À la fin de ch rg, crocheter une ml pour tourner.
1er rg : 1 ms dans la 2e ml en partant de l'aig., puis 2 ms = 3 ms.
2e au 5e rg : crocheter 3 ms.

Étoile

Monter 5 ml en Jaune puis 1 mc de retour dans la 1ère ml, *4 ml, 1 mc*, rép. encore 2x de * à *.

Finition

Coudre ensemble toutes les pièces suivant l'illustration. Broder les boules avec de petits points de pétale en Rouge, la guirlande avec des points lancés en Lamé argent.

Père Noël

Tête avec bonnet

Pour la tête, monter 4 ml en Crème, fermer en rond par 1 mc et crocheter des ms en continu en tours spiralés.

1er tr : 7 ms.

2e tr : 2 ms dans ch ms = 14 ms.

3e tr : 2 ms dans ch 2e ms = 21 ms. Fermer le tour par 1 mc dans la 1ère ms.

Pour le bonnet, poursuivre en Rouge. Crocheter maintenant des ms en rg, le 1er rg n'étant crocheté que sur 6 ms. À la fin de ch rg, crocheter une ml pour tourner.

1er rg : 1 ml, 6 ms.

2e rg : 6 ms.

3e au 9e rg : Dans ch rg impair, couler ens. les 2 dernières ms = 2 ms après le 9e rg.

10e rg : 2 ms.

11e rg : couler ens. 2 ms = 1 ms.

Pompon

Monter 4 ml en Blanc et crocheter 2 b, 2 ml, 1 mc dans la 4e ml en partant de l'aig.

Barbe

Crocheter en Blanc comme suit sur les 15 ms de la tête laissées vides :
Fixer le fil sur le côté gauche du bonnet, *4 ml, 1 mc dans 1 ms*, rép. encore 14x de * à *.

Finition

Coudre le pompon sur le bonnet suivant l'illustration. Pour les yeux, broder de petits points en Noir ; broder la bouche en Rouge avec des points de piqûre.

SUCRE D'ORGE

Sucre blanc

Monter 20 ml en Blanc et crocheter comme suit sur la chaînette :
1 b dans la 3e ml en partant de l'aig., 9 b, 2 b dans chacune des 5 ml suiv., 3 b = 23 b.

Sucre rouge

Monter 50 ml en Rouge.

Finition

Enrouler le Sucre rouge suivant l'illustration autour du Sucre blanc et le coudre.

Cadeaux

Paquet

Monter 10 ml en Rouge et crocheter des ms en rg. À la fin de ch rg, crocheter une ml pour tourner.

1er rg : 1 ms dans la 3e ml en partant de l'aig., puis 7 ms = 8 ms.

2e au 7e rg : crocheter 8 ms.

Rubans (à réaliser 2x)

Monter 12 ml en Blanc.

Nœud

Monter 11 ml en Blanc et crocheter 1 mc de retour dans la 1ère ml, puis monter 10 autres ml et crocheter encore 1 mc de retour dans la 1ère ml.

Finition

Coudre les rubans et le nœud sur le paquet suivant l'illustration.

Comment faire

Avant de commencer votre travail au crochet, vous devriez tenir compte des remarques suivantes : la plupart des modèles sont crochetés en mailles serrées. En piquant l'aiguille à des endroits différents, vous créerez des structures pleines d'effet. Ainsi, vous pouvez p. ex. piquer uniquement dans les boucles de devant ou de derrière de la maille du dessous. Certains modèles nécessitent en plus des demi-brides, des doubles brides et des brides. Afin de permettre aux débutants d'exécuter facilement les ouvrages de ce livre, vous trouverez ci-dessous quelques explications pour vous familiariser avec différentes techniques de crochet.

Travailler en tours

Lorsqu'on travaille en tours, on monte d'abord un certain nombre de mailles en l'air et on les ferme en tour par une maille coulée. Au 1er tour, on crochètera alors des mailles serrées ou des brides dans l'anneau ainsi obtenu. Ensuite, on travaille en tours en débutant chaque tour par une maille en l'air et en le terminant par une maille coulée. Cela facilite le comptage des tours et du nombre de mailles après des augmentations ou des diminutions.

Travailler en tours spiralés

Certains modèles sont réalisés en tours spiralés, c.-à-d. que les tours ne sont pas fermés et que l'on crochète en continu. Cela évite des transitions visibles. Le début du tour peut être repéré en insérant un fil contrasté entre le 1er tour et la 1ère maille du 2e tour. Cela facilite le comptage des tours et du nombre de mailles après des augmentations ou des diminutions. Il est recommandé d'insérer d'autres fils contrastés à intervalles réguliers. Le début des tours doit progresser en ligne droite vers le haut.

Travailler en rangs

Lorsqu'on travaille en rangs, on crochète une maille en l'air supplémentaire dans chaque rang pour tourner l'ouvrage.

Assemblage des différentes parties

Lorsque toutes les parties sont crochetées, il est recommandé de les assembler d'abord avec des épingles pour obtenir des proportions régulières. Ensuite, toutes les pièces sont cousues ou crochetées ensemble (voir page 62).

Augmenter des mailles

Lorsqu'on augmente le nombre de mailles, certaines mailles sont doublées, c.-à-d. qu'on crochète deux mailles dans la même maille.

Diminuer des mailles

Lorsqu'on diminue le nombre de mailles, deux mailles sont coulées ensemble. Pour cela, piquer d'abord dans la 1ère maille, faire un jeté et passer le fil à travers, puis piquer dans la 2e maille, faire un jeté et passer le fil à travers. Il y a 3 boucles en tout sur l'aiguille. Ensuite, faire un jeté et passer le fil à travers les trois boucles.

Changer de coloris

Lors d'un changement de coloris en fin de rang ou à l'intérieur d'un rang, passer d'abord une boucle dans le coloris en cours pour la dernière maille serrée. Ensuite, les deux boucles sont coulées dans le nouveau coloris. Cela s'applique aussi bien à un changement de couleur dans des tours spiralés qu'à la fin d'un rang.

Assembler des pièces au crochet

Pour assembler différentes pièces au crochet, les poser bord extérieur contre bord extérieur. En commençant dans un angle, faire un jeté, passer le fil à travers les deux pièces et crocheter deux mailles en l'air. Ensuite, crocheter des mailles serrées sur les bords extérieurs. Veiller alors à ce que les mailles soient réalisées à intervalles réguliers. Si elles sont trop proches, le bord extérieur gondolera ; si elles sont trop éloignées, le bord se rétractera.

Broder sur les miniatures au crochet

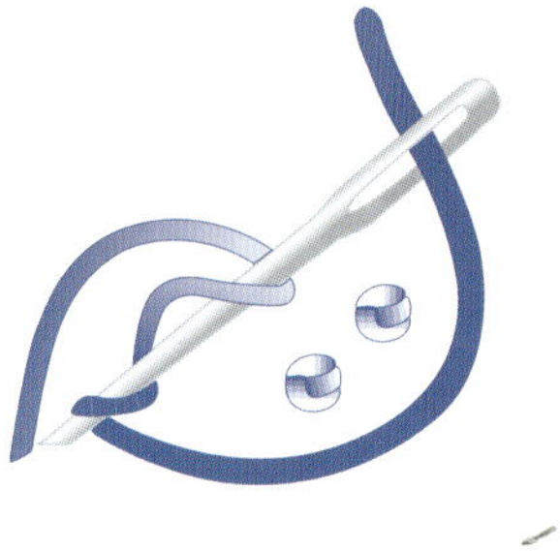

Point de Sud

Sortir l'aiguille à l'endroit où le Sud doit se situer. Enrouler le fil deux ou trois fois autour de l'aiguille et piquer l'aiguille juste à côté du point de sortie. Serrer les enroulements autour de l'aiguille de façon régulière, de manière à ce qu'ils reposent sur le tissu au point de piquage. Puis passer le fil à travers les enroulements et serrer le Sud avec précaution.

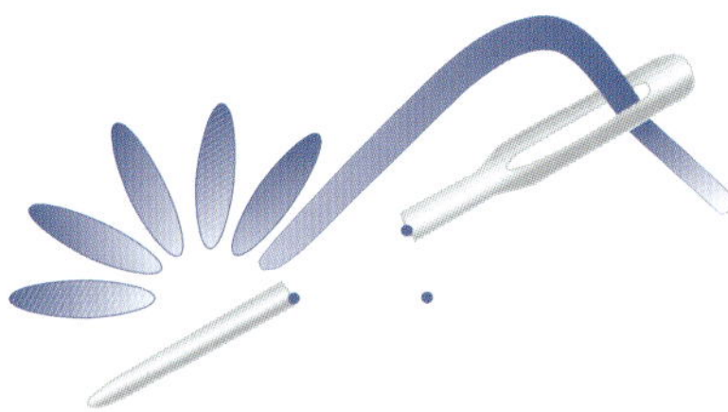

Point lancé

Repérer des points lancés isolés par une ligne ou par deux points. Puis, sortir l'aiguille au niveau du 1er point ou au début de la ligne et la repiquer au 2e point ou à la fin de la ligne. Serrer le fil.

Point de tige

Broder de gauche à droite. Réaliser tous les points de la même longueur.

Piquer l'aiguille d'une demi-longueur de point en arrière = jusqu'au point de piquage du point précédent, en emmenant le fil de broderie soit au-dessus, soit en dessous de l'aiguille à broder.

Point passé plat

Pour de petits points, passer le fil à broder trois fois sur une maille. Ce faisant, ne pas trop serrer le fil pour que les fils sur le dessus reposent à plat les uns à côté des autres.

Pour des grands points passés plats, tracer la forme avec de la craie de tailleur ou un crayon marqueur auto-disparaissant, puis remplir la forme avec des points obliques.

Les points obliques se placent plus près du fond. Ici aussi : ne pas trop serrer le fil à broder.

Point de pétale

La finition de certains modèles requiert des points de pétale.

Le schéma montre la procédure de réalisation de ce point.

Plus de plaisir dans la créativité

TOPP 7099

ISBN 978-2-84167-795-1

TOPP 7095

ISBN 978-2-84167-708-5

TOPP 7098

ISBN 978-2-84167-734-4

TOPP 7106

ISBN 978-2-84167-745-0

TOPP 7105

ISBN 978-2-84167-746-7

TOPP 7094

ISBN 978-2-84167-707-8

TOPP 7096

ISBN 978-2-84167-716-0

TOPP 7109

ISBN 978-2-84167-771-9

PHOTOGRAPHIES : lichtpunkt, Michael Ruder, Stuttgart
TRADUCTION : Monika Morlock pour Zenner lingua
Imprimé par Finidr, s.r.o., Cesky Tesin, République tchèque

Achevé d'imprimer en juin 2012
ISBN 978-2-84167-772-6
1ère édition : juin 2012
Dépôt légal : juin 2012